Impressum
Verlag: BABADADA GmbH, Nedderfeld 112 , 22529 Hamburg
Geschäftsführer / Verlagsleitung: Harald Hof
Druck: Books on Demand GmbH, In de Tarpen 42, 22848 Norderstedt

Imprint
Publisher: BABADADA GmbH, Nedderfeld 112 , 22529 Hamburg, Germany
Managing Director / Publishing direction: Harald Hof
Print: Books on Demand GmbH, In de Tarpen 42, 22848 Norderstedt, Germany

scol

школа

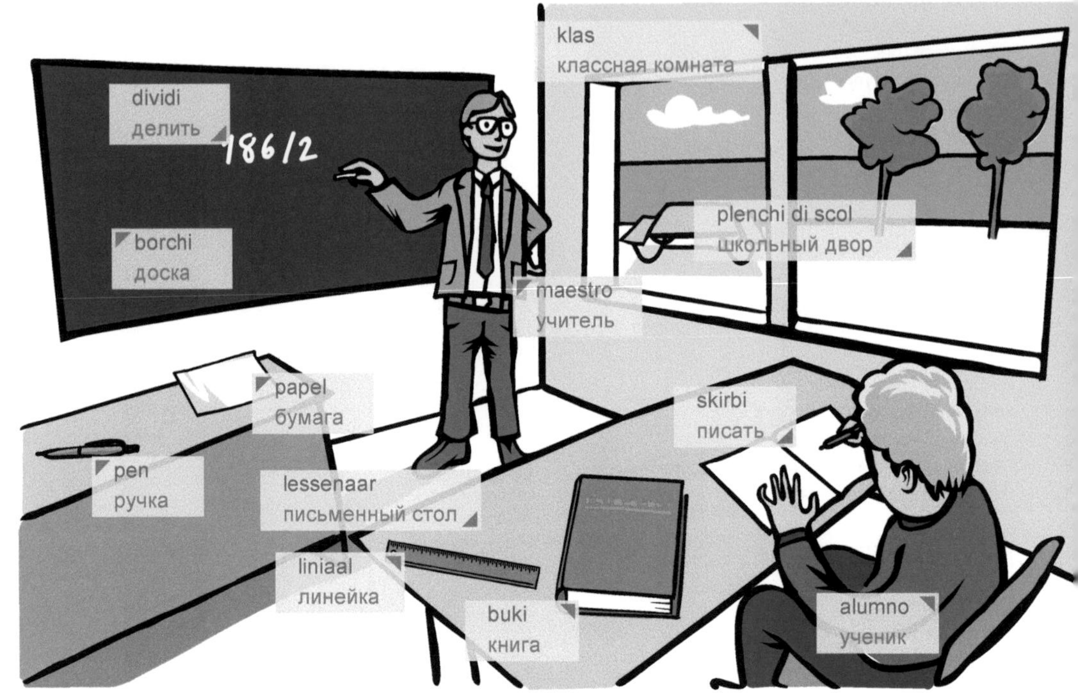

klas
классная комната
dividi
делить
186/2
borchi
доска
plenchi di scol
школьный двор
maestro
учитель
papel
бумага
skirbi
писать
pen
ручка
lessenaar
письменный стол
liniaal
линейка
buki
книга
alumno
ученик

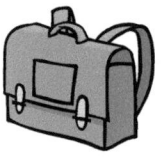

tas di scol

ранец

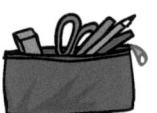

etui

пенал

potlood

карандаш

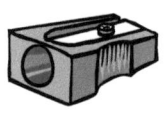

slijper

точилка

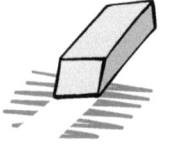

gum

ластик

buki di pinta

альбом для рисования

pintura

рисунок

cuashi

кисточка

caha di verf

коробка красок

sker

ножницы

lijm

клей

schrift

тетрадь

huiswerk

домашняя работа

number

цифра

suma

прибавлять

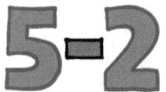

kita

вычитать

multiplica

умножать

conta

считать

letter

буква

alfabet

алфавит

palabra

слово

texto

текст

lesa

читать

krijt

мел

les

урок

klassenboek

классный журнал

examen

экзамен

diploma

диплом

uniform di scol

школьная форма

estudio

образование

enciclopedia

энциклопедия

universidad

университет

microscop

микроскоп

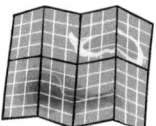

mapa

карта

bari di sushi

корзина для бумаг

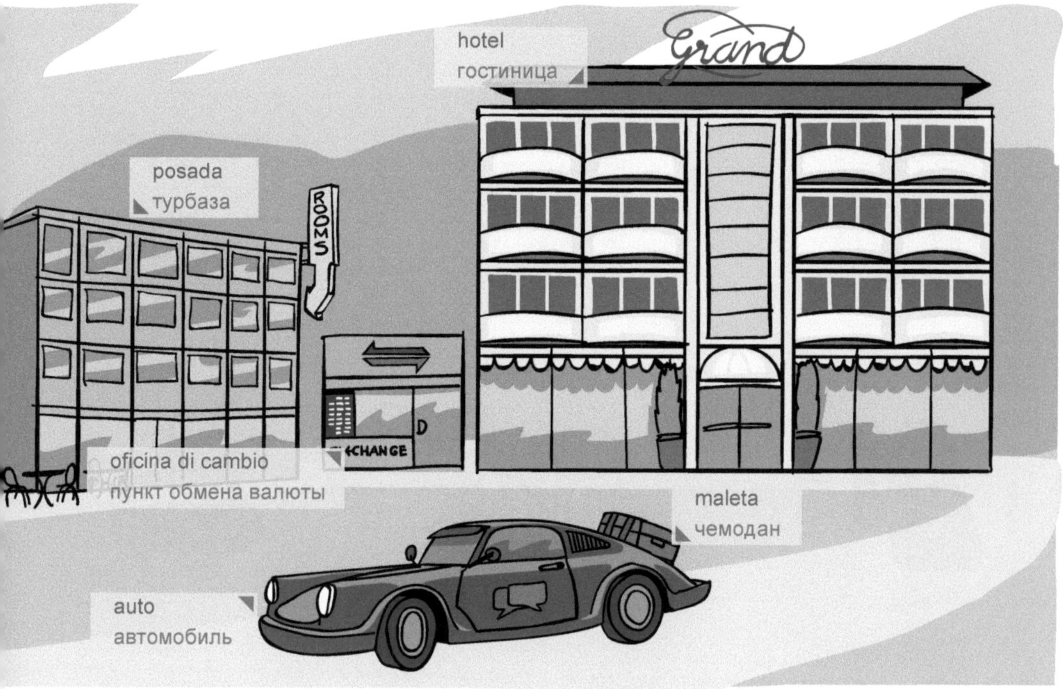

hotel
гостиница
Grand
posada
турбаза
ROOMS
EXCHANGE
oficina di cambio
пункт обмена валюты
maleta
чемодан
auto
автомобиль

idioma

язык

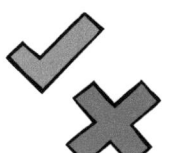

si / no

да / нет

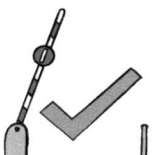

bon

хорошо

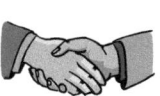

hallo

Привет

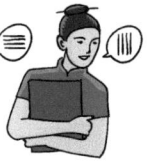

tolk

переводчик

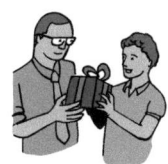

masha danki

Спасибо

Cuanto esaki ta costa?

Сколько стоит...?

Mi no ta compronde

Я не понимаю

problema

проблема

bon nochi

Добрый вечер!

Bon dia!

Доброе утро!

Bon nochi!

Доброй ночи!

ayo

До свидания

direccion

направление

maleta

багаж

handbag

сумка

rugtas

рюкзак

huesped

гость

camber

комната

slaapzak

спальный мешок

tent

палатка

informacion pa turista

туристическая
информация

lama

пляж

credit card

кредитная карточка

desayuno

завтрак

cuminda di merdia

обед

cuminda di anochi

ужин

carchi

билет

cabe'i boto

лифт

stampia

почтовая марка

grens

граница

duana

таможня

embahada

посольство

visa

виза

paspoort

паспорт

transport

транспорт

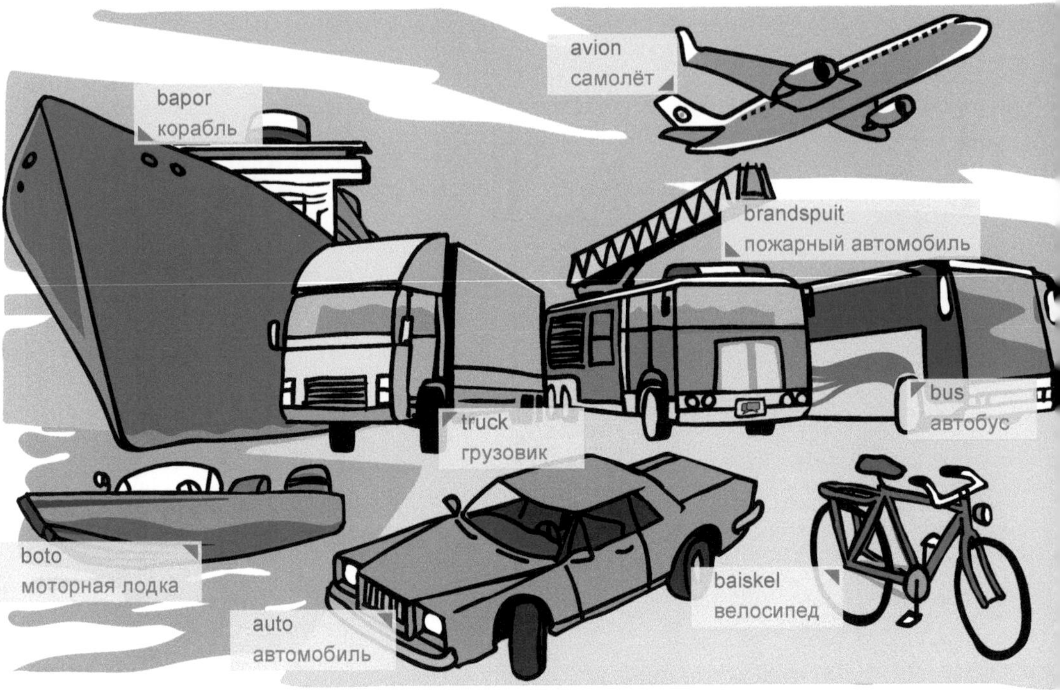
avion
самолёт
bapor
корабль
brandspuit
пожарный автомобиль
truck
грузовик
bus
автобус
boto
моторная лодка
baiskel
велосипед
auto
автомобиль

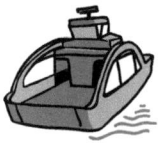

ferry

паром

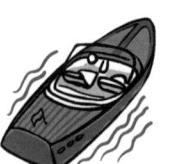

boto

лодка

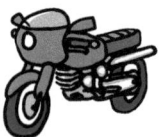

brommer

мотоцикл

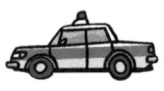

auto di polis

полицейский автомобиль

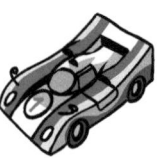

auto di careda

гоночный автомобиль

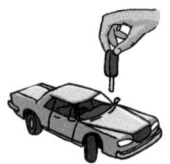

auto di huur

арендованный автомобиль

car sharing

совместное пользование
автомобилями

takelwagen

буксировочный
автомобиль

dump truck

мусоровоз

motor

двигатель

gasolin

топливо

pomp di gasolin

заправка

borchi di trafico

дорожный знак

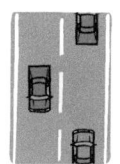

trafico

движение

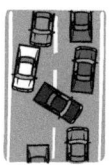

fila

пробка

parkeerplaats

автостоянка

stacion di trein

вокзал

riel

рельсы

trein

поезд

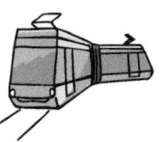

tram

трамвай

wagon

вагон

helicopter

вертолёт

aeropuerto

аэропорт

toren

вышка

pasahero

пассажир

container

контейнер

caha di carton

коробка

garoshi

тележка

macutu

корзина

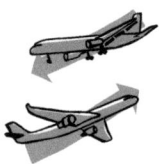

lanta / baha

взлетать / приземляться

ciudad

город

pueblo

деревня

centro di ciudad

центр города

cas

дом

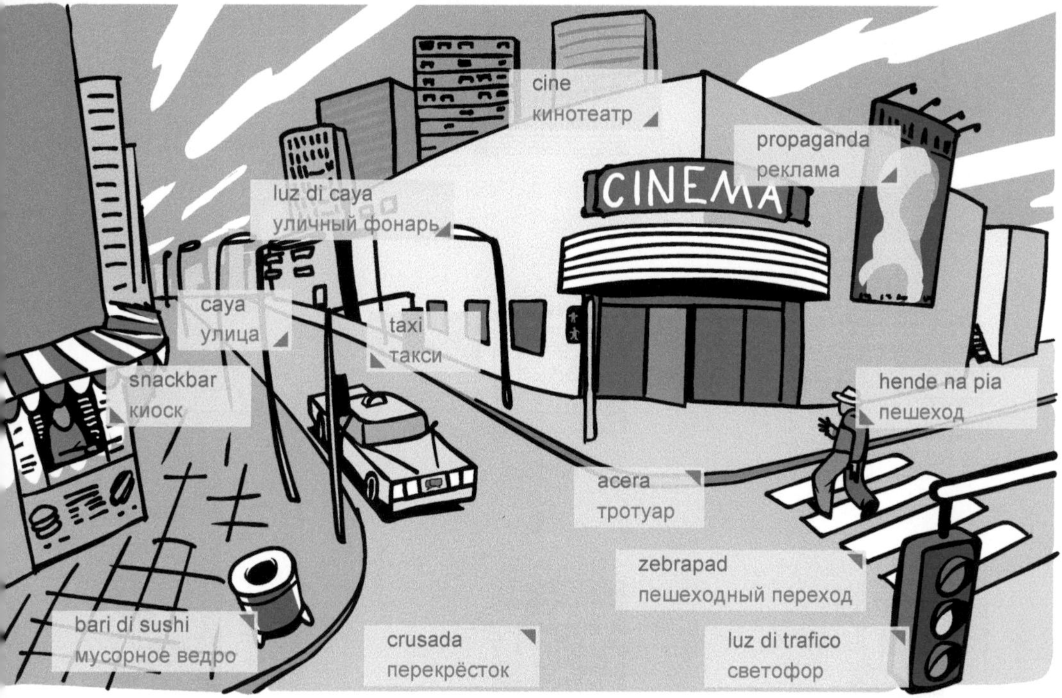

CINEMA

cine / кинотеатр
propaganda / реклама
luz di caya / уличный фонарь
saya / улица
taxi / такси
snackbar / киоск
hende na pia / пешеход
acera / тротуар
zebrapad / пешеходный переход
bari di sushi / мусорное ведро
crusada / перекрёсток
luz di trafico / светофор

hut

хижина

flat

квартира

stacion di trein

вокзал

stadhuis

ратуша

museo

музей

scol

школа

universidad

университет

banco

банк

hospital

больница

hotel

гостиница

botica

аптека

oficina

офис

boekhandel

книжный магазин

tienda

магазин

floresteria

цветочный магазин

supermarket

супермаркет

mercado

рынок

department store

универмаг

bendedo di pisca

торговец рыбой

shopping center

торговый центр

haf

порт

park

парк

banki

скамейка

brug

мост

trapi

лестница

metro

метро

tunnel

тоннель

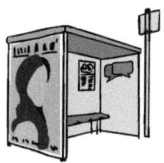

parada di bus

автобусная остановка

bar

бар

restaurant

ресторан

postbox

почтовый ящик

borchi di nomber di caya

табличка с названием улицы

parkeermeter

паркометр

parke di bestia

зоопарк

piscina

бассейн

moskee

мечеть

cunucu

ферма

polucion

загрязнение окружающей среды

santana

кладбище

misa

церковь

speelplaats

детская площадка

tempel

храм

paisahe
ландшафт

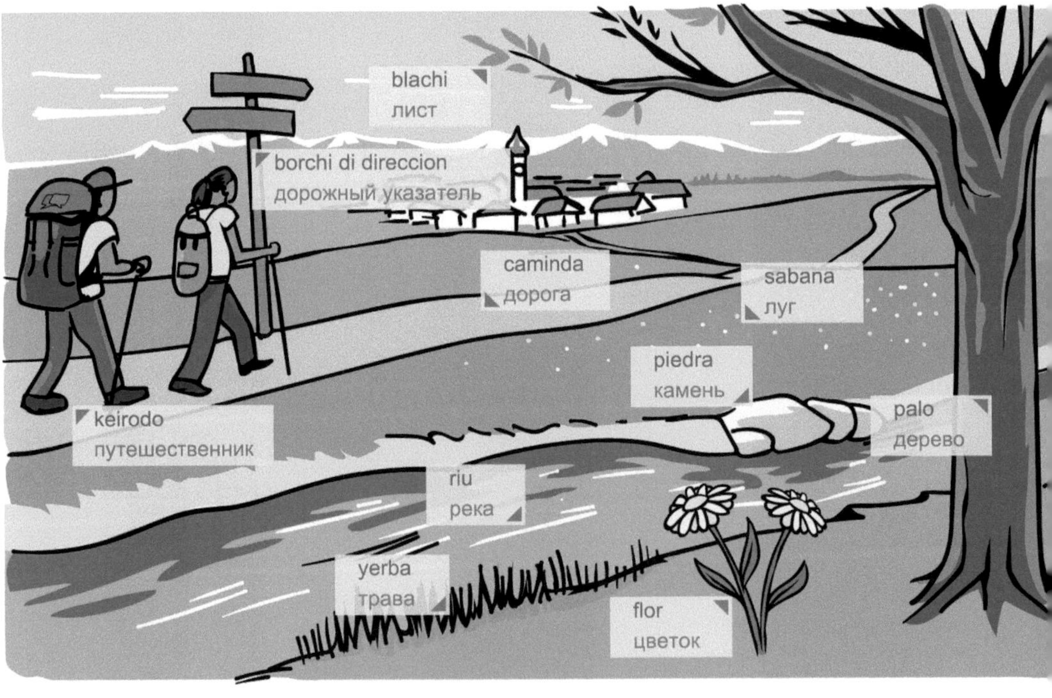

blachi
лист

borchi di direccion
дорожный указатель

caminda
дорога

sabana
луг

piedra
камень

palo
дерево

keirodo
путешественник

riu
река

yerba
трава

flor
цветок

vallei

долина

sero

гора

lago

озеро

mondi

лес

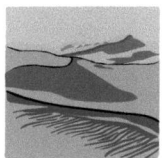

desierto

пустыня

volcan

вулкан

kasteel

замок

arco iris

радуга

paddenstoel

гриб

palma

пальма

sangura

комар

musca

муха

vruminga

муравей

bij

пчела

haraña

паук

tor

жук

dori

лягушка

eekhoorn

белка

porcospina

еж

coneu

заяц

shoco

сова

parha

птица

zwaan

лебедь

porco di mondi

кабан

bina

олень

eland

лось

dam

плотина

molina di biento

ветряной генератор

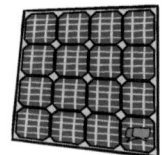

panel solar

солнечная батарея

clima

климат

restaurant

ресторан

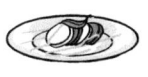

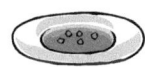

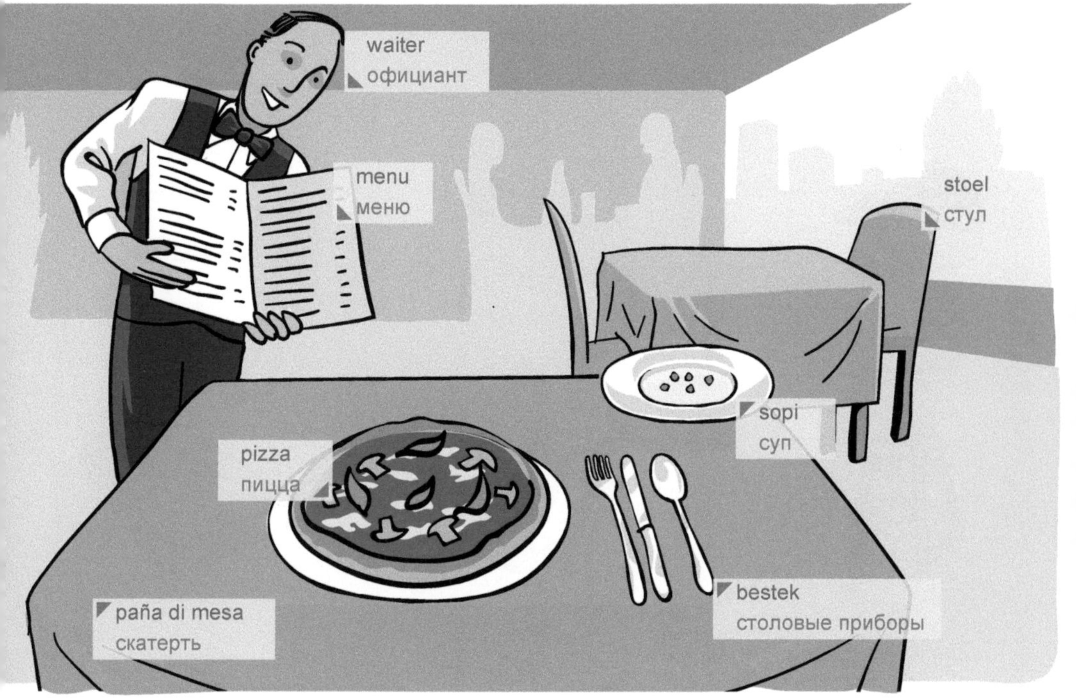
waiter
официант
menu
меню
stoel
стул
sopi
суп
pizza
пицца
paña di mesa
скатерть
bestek
столовые приборы

aperitivo

закуска

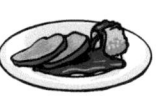

cuminda principal

главное блюдо

dessert

десерт

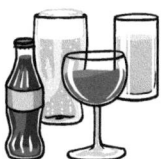

bebida

напитки

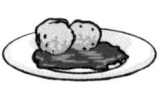

cuminda

еда

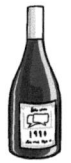

boter

бутылка

fastfood

фастфуд

streetfood

уличная еда

canica di te

чайник

pochi di sucu

сахарница

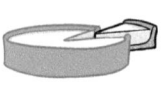

porcion

порция

espressomachine

кофеварка

stoel di mucha

детский стульчик

cuenta

счет

hasechi

поднос

cuchiu

нож

forki

вилка

cuchara

ложка

telep

чайная ложка

napkin

салфетка

glas

стакан

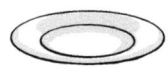

tayo

тарелка

tayo di sopi

суповая тарелка

scoter

блюдце

saus

соус

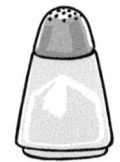

pochi di salo

солонка

mulina di peper

мельница для перца

binager

уксус

azeta

масло

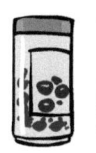

specerij

специи

ketchup

кетчуп

mosterd

горчица

mayonaise

майонез

supermarket

супермаркет

oferta special
специальное предложение
FOR
cliente
покупатель
producto lacteo
молочные продукты
fruta
фрукты
garoshi di compra
тележка для покупок

BUTCHERS

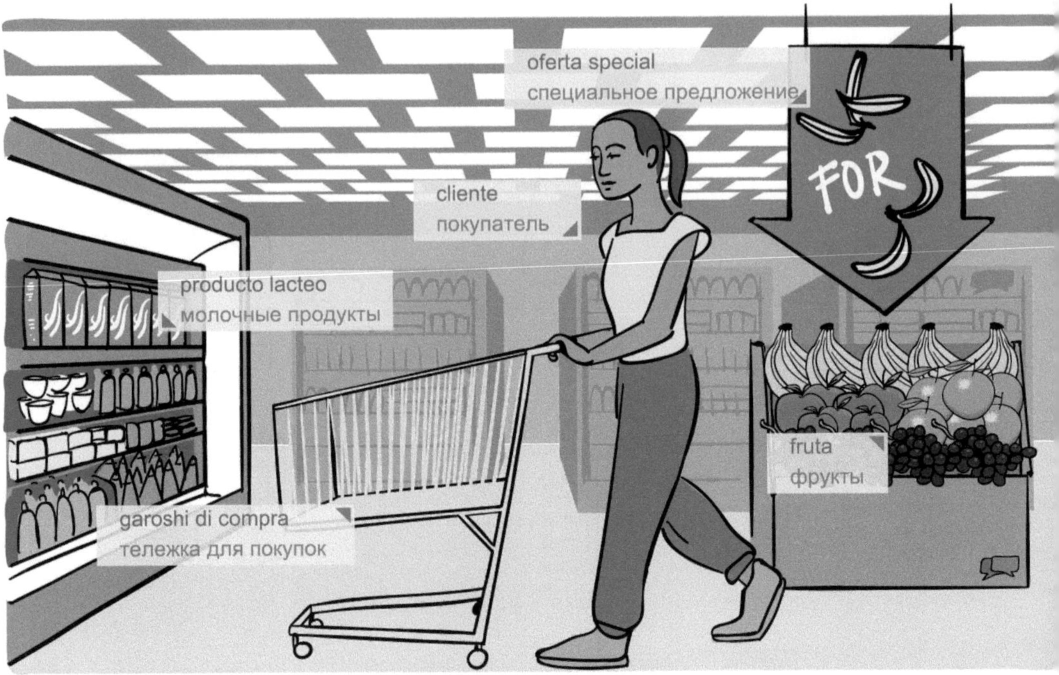

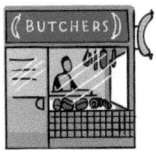

carniceria

мясной магазин

BAKERY

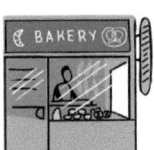

panaderia

пекарня

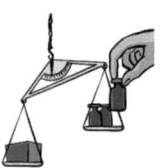

pisa

взвешивать

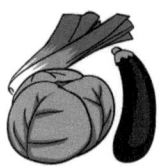

berdura

овощи

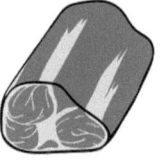

carni

мясо

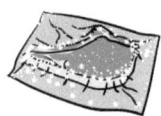

frozen food

быстрозамороженные продукты

beleg di carni

нарезка

cuminda di bleki

консервы

detergente na puiro

стиральный порошок

mangel

сладости

producto pa cas

предмет домашнего обихода

articulo di limpiesa

моющее средство

bendedo

продавщица

cahero

касса

cahero

кассир

lista di compra

список покупок

orario

время работы

cartera

бумажник

credit card

кредитная карточка

tas

сумка

saco di plastic

полиэтиленовый пакет

awa

вода

juice

сок

lechi

молоко

cola

кока-кола

biña

вино

cerbes

пиво

alcohol

алкоголь

chocomel

какао

te

чай

koffie

кофе

espresso

эспрессо

cappuccino

капучино

bacoba

банан

appel

яблоко

apelsina

апельсин

milon

арбуз

lamunchi

лимон

wortel

морковь

conoflok

чеснок

bambu

бамбук

siboyo

лук

mushroom

гриб

noot

орехи

pasta

лапша

spaghetti

спагетти

aros

рис

salada

салат

batata hasa

картофель фри

batata hasa

жареный картофель

pizza

пицца

hamburger

гамбургер

sandwich

сэндвич

cutlet

шницель

ham

ветчина

salami

салями

soseishi

колбаса

galiña

курица

hasa

жаркое

pisca

рыба

papa

овсяные хлопья

müsli

мюсли

cornflakes

кукурузные хлопья

hariña

мука

croissant

круассан

pan rondo

булочка

pan

хлеб

toast

тост

cuki

печенье

manteca

масло

kwark

творог

bolo

пирог

webo

яйцо

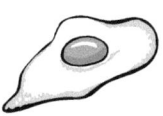

webo hasa

яичница

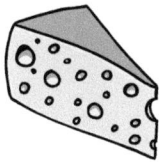

keshi

сыр

ijscream

мороженое

sucu

сахар

honing

мёд

jam

мармелад

pasta di chuculati

крем с нугой

curry

карри

cunucu

ферма

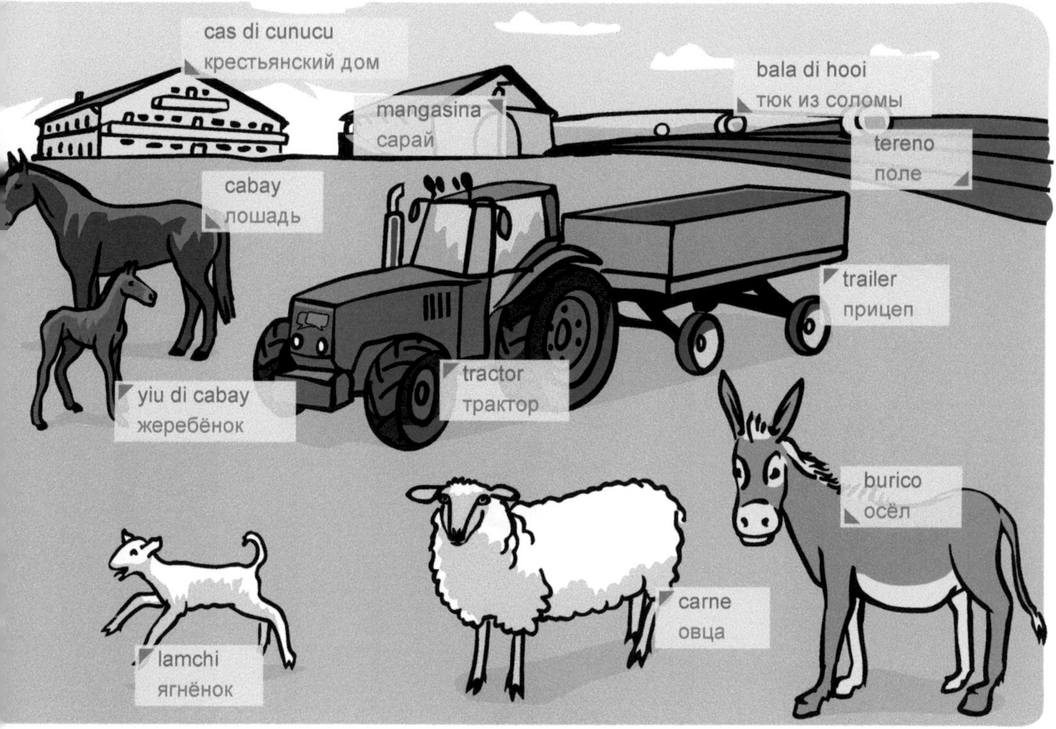
cas di cunucu
крестьянский дом
mangasina
сарай
bala di hooi
тюк из соломы
tereno
поле
cabay
лошадь
trailer
прицеп
tractor
трактор
yiu di cabay
жеребёнок
burico
осёл
carne
овца
lamchi
ягнёнок

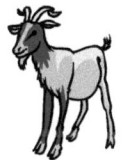

cabrito
....
коза

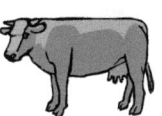

baca
....
корова

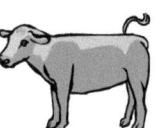

bishe
....
телёнок

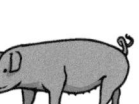

porco
....
свинья

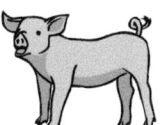

yiu di porco
....
поросёнок

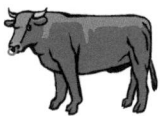

toro
....
бык

gans

гусь

pato

утка

puyito

цыплёнок

galiña

курица

gay

петух

djaca

крыса

pushi

кошка

raton

мышь

toro

вол

cacho

собака

cas di cacho

конура

slang pa muha mata

садовый шланг

gieter

лейка

herment pa corta yerbe

коса

ploeg

плуг

garabati

серп

chapi

мотыга

forki pa coy hooi

навозные вилы

hacha

топор

garetia

тачка

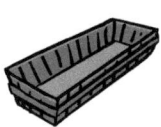

pesebre

корыто

canica di lechi

бидон для молока

saco

мешок

heki

забор

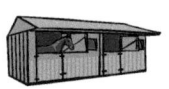

stal

хлев

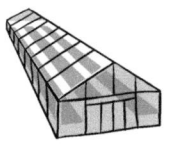

greenhouse

теплица

suela

почва

simia

посев

mest

удобрение

mashin di cosecha

комбайн

cosecha

собирать урожай

cosecha

урожай

yams

ямс

trigo

пшеница

soya

соя

batata

картофель

maishi

кукуруза

canola

рапс

palo di fruta

фруктовое дерево

yuca

маниок

grano

злаки

cas

дом

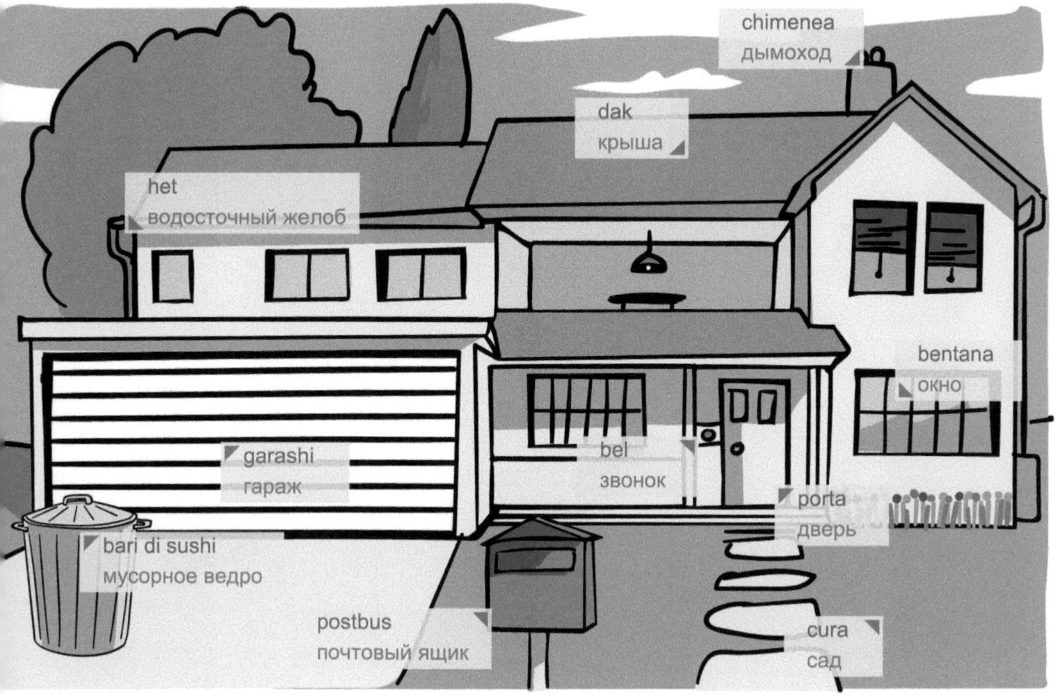
chimenea
дымоход
dak
крыша
het
водосточный желоб
bentana
окно
garashi
гараж
bel
звонок
porta
дверь
bari di sushi
мусорное ведро
postbus
почтовый ящик
cura
сад

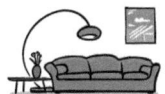

sala

гостиная

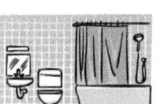

baño

ванная комната

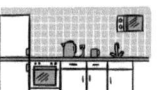

cushina

кухня

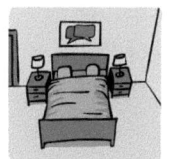

camber

спальня

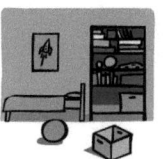

camber di mucha

детская комната

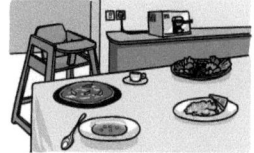

comedo

столовая

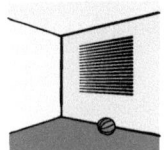

suela
пол

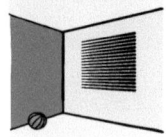

muraya
стена

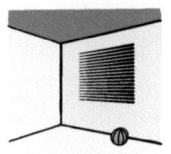

blafon
потолок

bodega
подвал

sauna
сауна

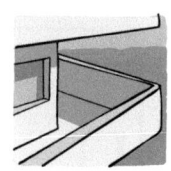

balcon
балкон

terasa
терраса

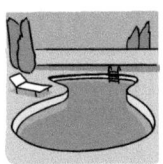

piscina
бассейн

mashin di corta yerba
газонокосилка

laken
пододеяльник

bedsprei
покрывало

cama
кровать

basora
метла

hemchi
ведро

switch
выключатель

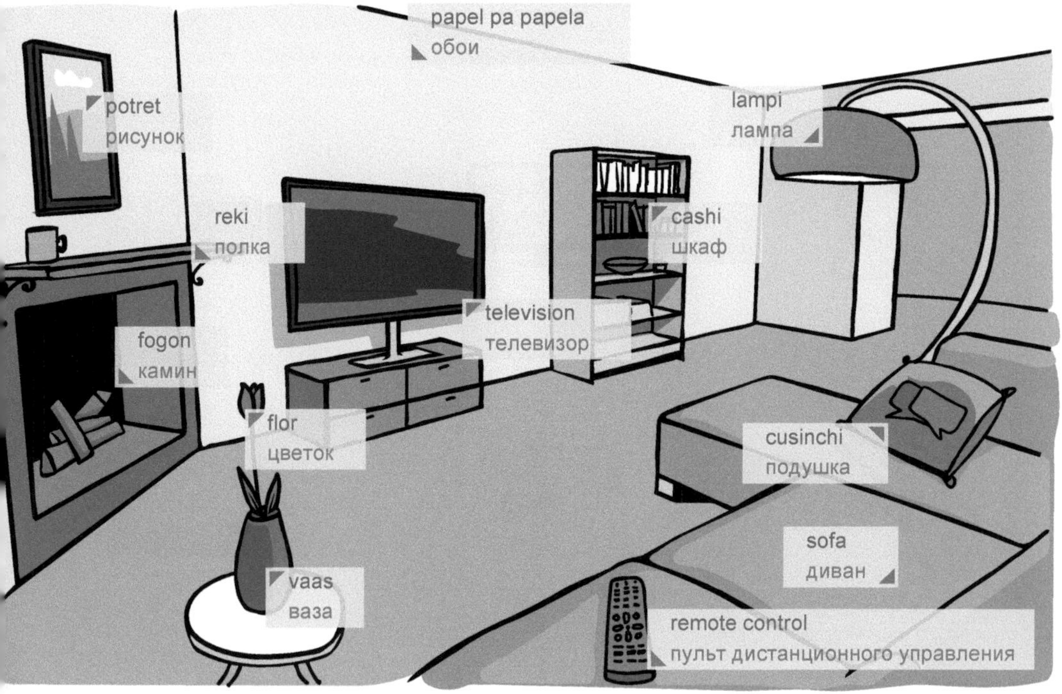

papel pa papela
обои

potret
рисунок

lampi
лампа

reki
полка

cashi
шкаф

fogon
камин

television
телевизор

flor
цветок

cusinchi
подушка

sofa
диван

vaas
ваза

remote control
пульт дистанционного управления

tapijt

ковёр

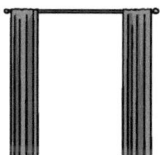

cortina

штора

mesa

стол

stoel

стул

stoel di zoya

кресло-качалка

stoel

кресло

buki

книга

dekel

покрывало

decoracion

украшение

palo pa kima

дрова

film

фильм

stereoset

стереосистема

yabi

ключ

corant

газета

cuadra

картина

poster

плакат

radio

радио

blocnote

блокнот

stofzuiger

пылесос

cadushi

кактус

bela

свеча

cushina
кухня

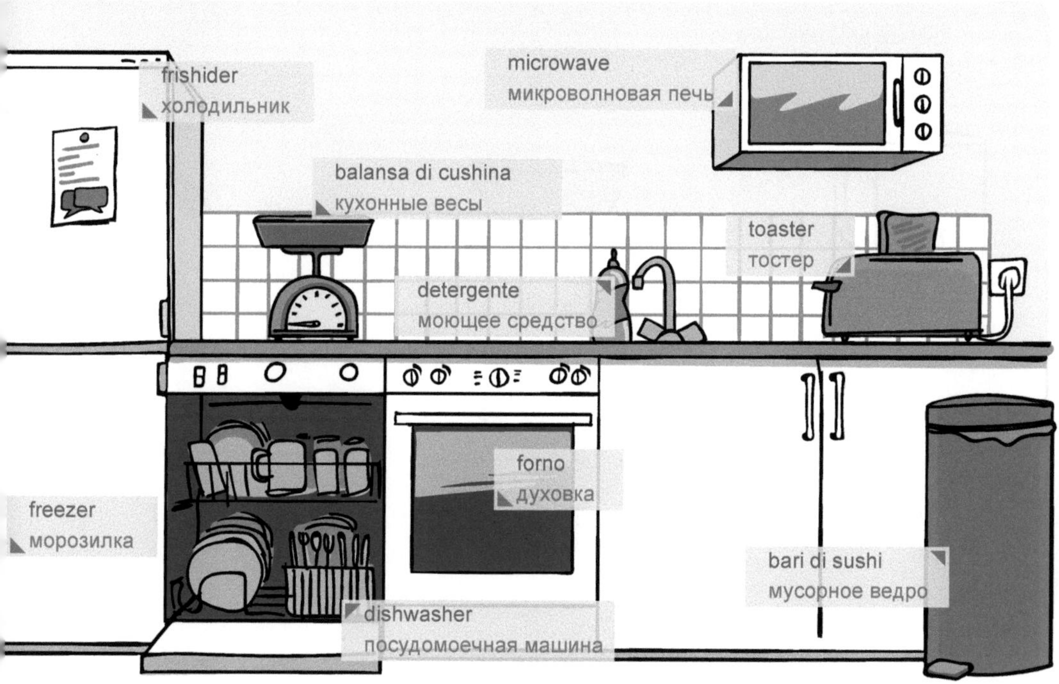

frishider
холодильник
microwave
микроволновая печь
balansa di cushina
кухонные весы
toaster
тостер
detergente
моющее средство
forno
духовка
freezer
морозилка
bari di sushi
мусорное ведро
dishwasher
посудомоечная машина

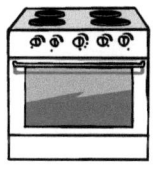

stoof
....
плита

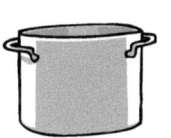

wea
....
кастрюля

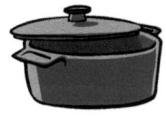

wea di hero
....
чугунный котелок

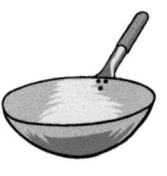

wok
....
вок / кадай

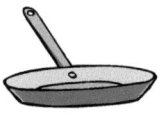

planchi
....
сковорода

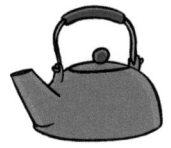

ketel
....
чайник

steamer

пароварка

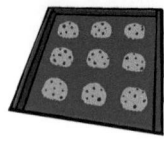

teblachi pa horna

противень

servies

посуда

beker

кружка

conchi

миска

chopstick

палочки для еды

cuchara di sopi

половник

spatula

лопатка

garde

сбивалка

scurido

сито

colado

сито

raspa

тёрка

fenso

ступка

barbecue

гриль

candela

костёр

planki pa corta

доска

rostok

скалка

kurkentrek

штопор

bleki

жестяная банка

cos di habri bleki

консервный нож

pannenlap

прихватка

wasbak

раковина

skeiro

щетка

spons

губка

blender

миксер

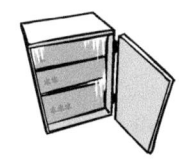

freezer

морозильная камера

tetero

бутылочка для кормления

cranchi

кран

ванная комната

verwarming
отопление

douche
душ

serbete
полотенце

cortina di douche
душевая занавеска

baño di scuma
пенистая ванна

badkuip
ванна

glas
стакан

wasmashin
стиральная машина

cranchi
кран

mosaik
плитка

pot
горшок

wasbak
раковина

tualet
туалет

hurktoilet
напольный унитаз

bidet
биде

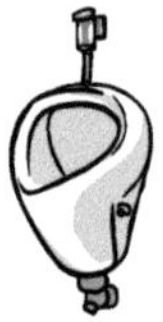

urinal
писсуар

papel di w.c.
туалетная бумага

skeiro di w.c.
ершик

skeiro di djente

зубная щетка

pasta di djente

зубная паста

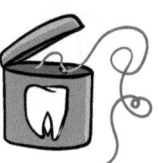

dental floss

зубная нить

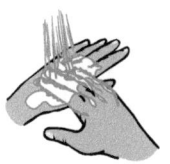

laba

мыть

douche di man

ручной душ

bidet

интимный душ

tobo

таз

skeiro

щетка для спины

habon

мыло

shower gel

гель для душа

shampoo

шампунь

washandje

мочалка

drain

сток

crema

крем

desodorante

дезодорант

spiel

зеркало

spiel di man

ручное зеркало

blet

бритва

shaving foam

пена для бритья

aftershave

лосьон после бритья

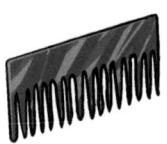

peña

расческа

skeiro

щетка

blower

фен

spray pa cabey

лак для волос

makeup

косметика

lipstick

губная помада

cos di pinta huña

лак для ногтей

catuna

вата

sker pa corta huña

маникюрные ножницы

perfume

духи

tas

косметичка

kruk

табуретка

balansa

весы

bata

халат

handschoen

резиновые перчатки

tampon

тампон

kotex

гигиеническая прокладка

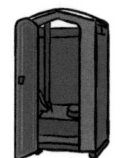

wc kimico

биотуалет

camber di mucha
детская комната

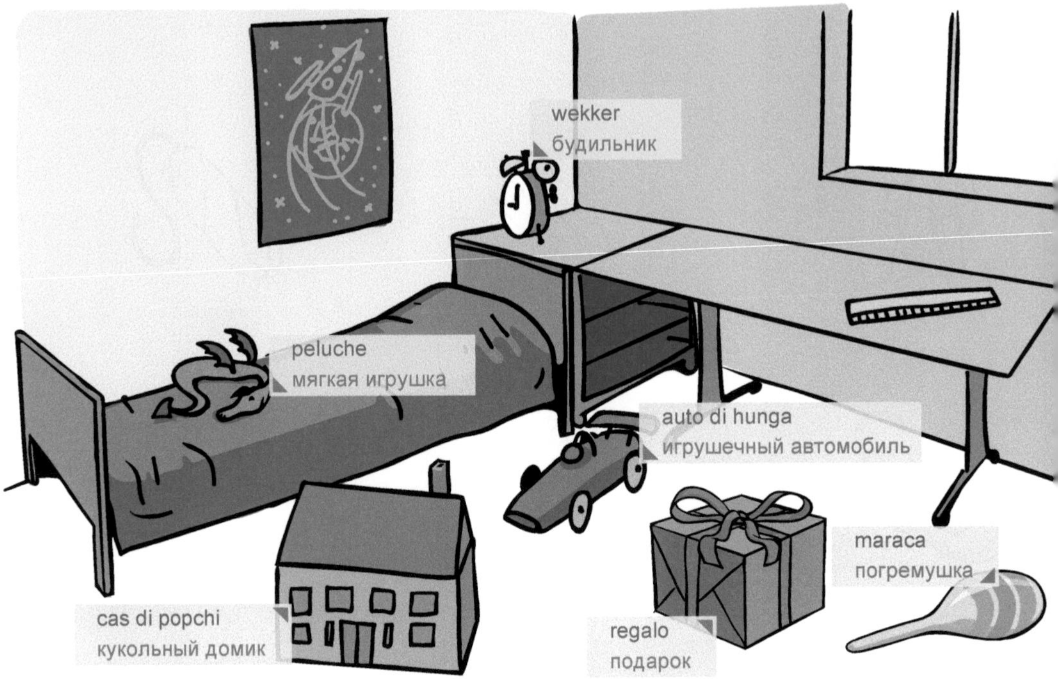
wekker
будильник
peluche
мягкая игрушка
auto di hunga
игрушечный автомобиль
maraca
погремушка
cas di popchi
кукольный домик
regalo
подарок

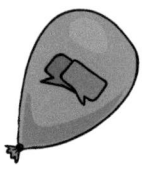

blaas
воздушный шар

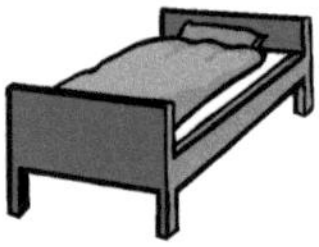

cama
кровать

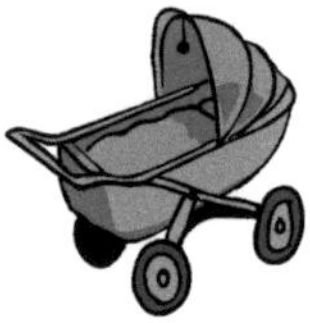

stroller
детская коляска

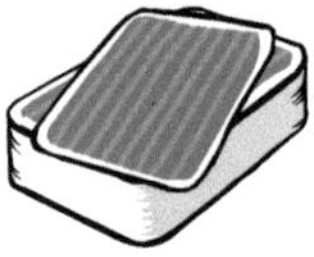

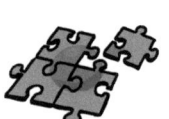

baraha di carta
карточная игра

puzzel
пазл

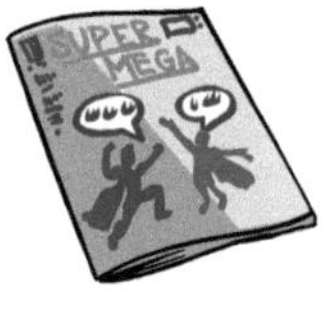
SUPER
MEGA

comic
комикс

lego

кирпичики Лего

bloki di hunga

кубики

figura di accion

игрушечная фигурка

romper

ползунки

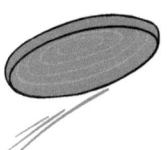

frisbee

фрисби

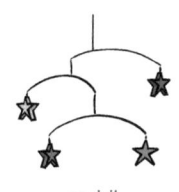

mobil

мобиле

wega di mesa

настольная игра

dou

кубик

set di trein

модель железной дороги

chupon

соска

fiesta

вечеринка

buki di prenchi

книга с картинками

bala

мяч

popchi

кукла

hunga

играть

zandbak

песочница

zoya

качели

cos di hunga

игрушка

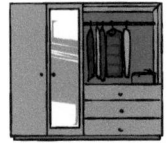

videogame

игровая приставка

tricycle

трёхколесный велосипед

beer

плюшевый медвежонок

cashi di paña

шкаф для одежды

paña

одежда

mea

носки

mea

чулки

pantyhose

колготки

sjaal
шарф

paraplu
зонтик

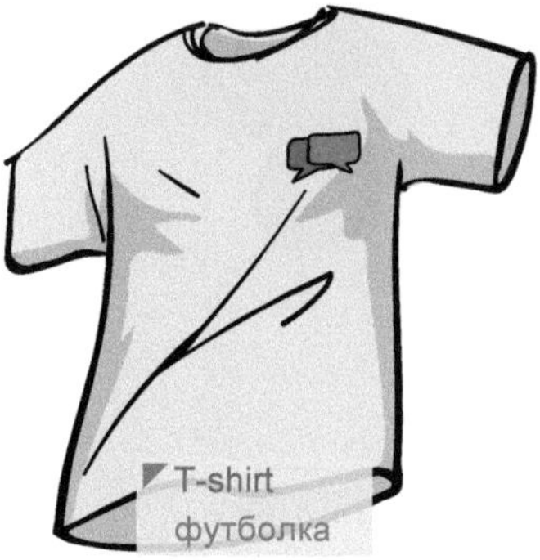

T-shirt
футболка

faha
ремень

boots
сапоги

slof
тапки

keds
кроссовки

sandalia	sapato	laars di rubber
сандалии	ботинки	резиновые сапоги

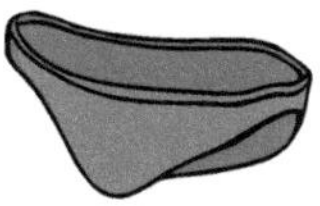

carsonsio	bh	flanel
трусы	бюстгальтер	майка

body

боди

carson

брюки

jeans

джинсы

saya

юбка

blusa

блузка

camisa

рубашка

sweater

свитер

sweater

свитер

blazer

спортивная куртка

jacket

жакет

jas

пальто

regenjas

плащ

flus

костюм

shimis

платье

shimis di bruid

свадебное платье

flus

мужской костюм

yapon

ночная сорочка

pidjama

пижама

sari

сари

lenso di cabes

платок

turban

тюрбан

burqa

паранджа

kaftan

кафтан

abaya

абайя

zwempak

купальник

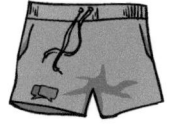

zwembroek

плавки

carson cortico

шорты

trainingspak

спортивный костюм

lantera

фартук

handschoen

перчатки

boton

пуговица

bril

очки

armband

браслет

cadena

цепочка

renchi

кольцо

renchi di horea

серьга

pechi

шапка

kapstok

вешалка

sombre

шляпа

dashi

галстук

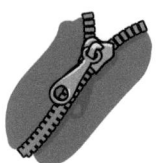

ziper

застежка молния

helm

шлем

guiel

подтяжки

uniform di scol

школьная форма

uniform

форма

babado

детский нагрудник

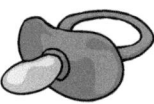

chupon

соска

bruki

подгузник

oficina
офис

server
сервер

filekast
канцелярский шкаф

printer
принтер

papel
бумага

pantaya
монитор

mouse
мышь

lessenaar
письменный стол

map
папка

keyboard
клавиатура

bari di sushi
корзина для бумаг

stoel
стул

computer
компьютер

copi pa bebe koffie

кофейная кружка

calculator

калькулятор

internet

интернет

laptop

ноутбук

carta

письмо

mensahe

сообщение

celular

мобильный телефон

red

сеть

mashin di copia

ксерокс

software

программа

telefon

телефон

stopcontact

розетка

fax mashin

факс

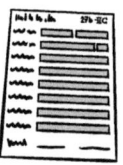

formulario

формуляр

documento

документ

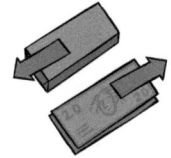

cumpra

покупать

paga

платить

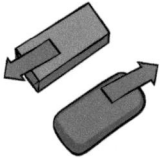

negosha

торговать

placa

деньги

dollar

доллар

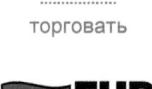

euro

евро

yen

иена

roebel

рубль

frank suiso

франк

yuan renminbi

жэньминьби юань

roepi

рупия

bancomatico

банкомат

oficina di cambio

пункт обмена валюты

oro

золото

plata

серебро

azeta

нефть

energia

энергия

prijs

цена

contract

договор

impuesto

налог

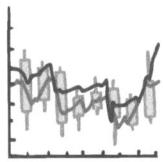

share

акция

traha

работать

empleado

служащий

dunado di trabou

работодатель

fabrica

фабрика

tienda

магазин

agente policial
милиционер

bombero
пожарный

coki
повар

dokter
врач

piloto
пилот

hardinero

садовник

carpinte

столяр

cosedo

швея

hues

судья

kimico

химик

actor

актёр

chauffeur di bus

водитель автобуса

chauffeur di taxi

таксист

piscado

рыбак

hende cu ta haci cas limpi

уборщица

drechado di dak

кровельщик

waiter

официант

jaagdo

охотник

verfdo

художник

panadero

пекарь

electricista

электрик

trahado den construccion

строитель

ingeniero

инженер

carnicero

мясник

loodgieter

сантехник

partido di carta

почтальон

solda

солдат

arkitecto

архитектор

cahero

кассир

florista

флорист

pelukero / pelukera

парикмахер

controlado di ticket

кондуктор

mecanico

механик

capitan

капитан

dentista

зубной врач

cientifico

ученый

rabbi

раввин

imam

имам

monk

монах

pastor

священник

herment

инструменты

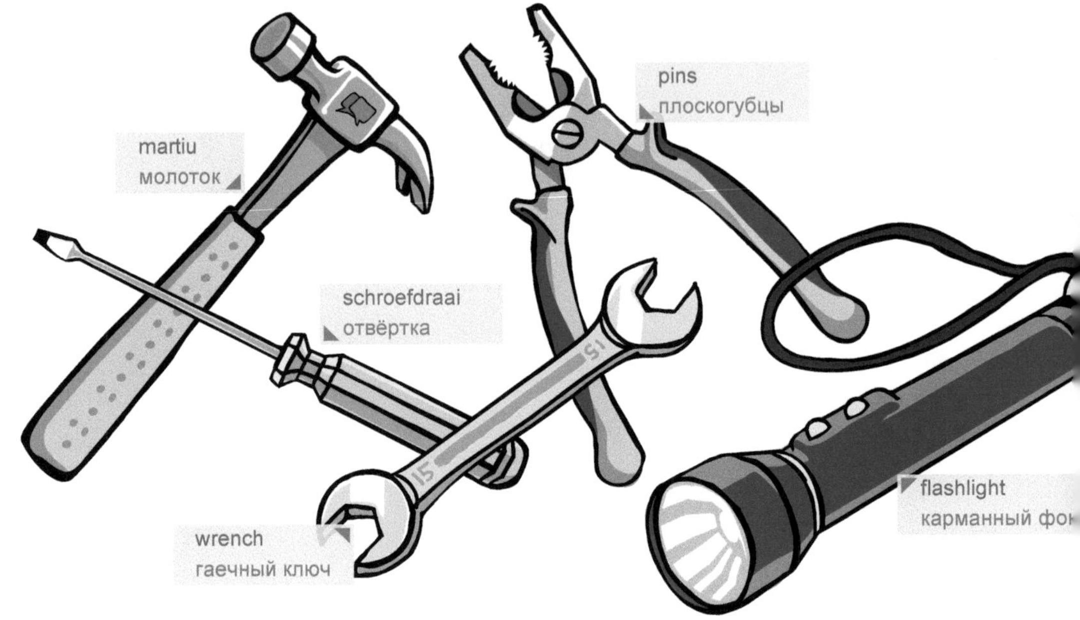
pins
плоскогубцы
martiu
молоток
schroefdraai
отвёртка
flashlight
карманный фо
wrench
гаечный ключ

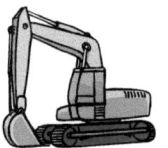

bulldozer

экскаватор

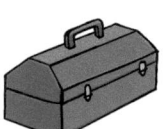

caha di herment

ящик для инструментов

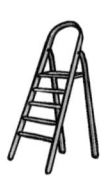

trapi

стремянка

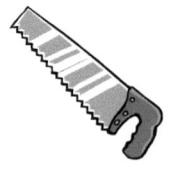

zaag

пила

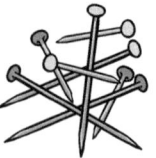

clabo

гвозди

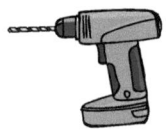

boormashin

дрель

drecha

ремонтировать

shobel

лопата

caraho!

Блин!

scop

совок

bleki di verf

ведро с краской

schroef

винты

instrumento musical

музыкальные инструменты

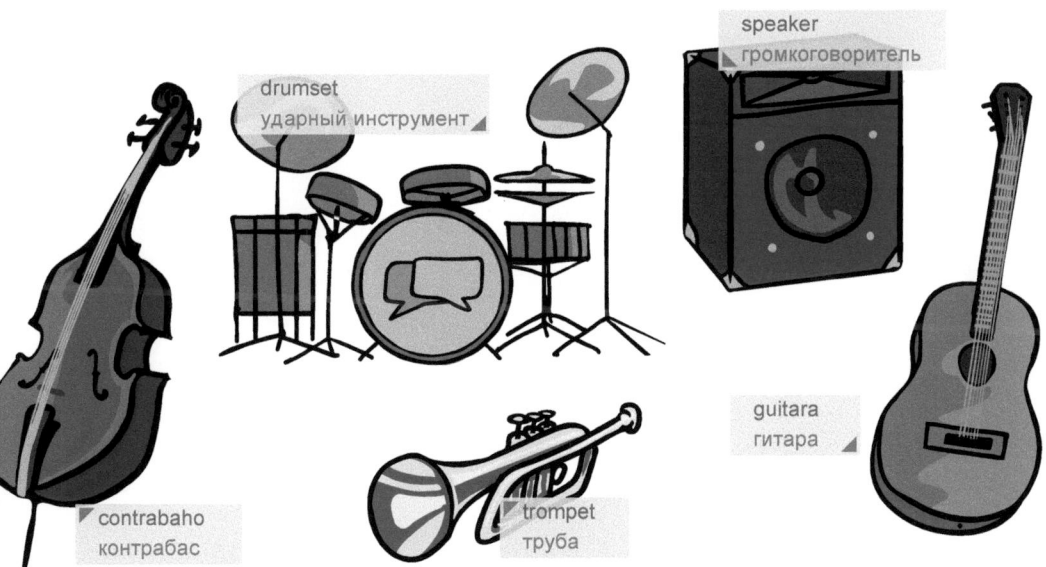

drumset
ударный инструмент

speaker
громкоговоритель

guitara
гитара

contrabaho
контрабас

trompet
труба

piano

пианино

fio

скрипка

baho

бас-гитара

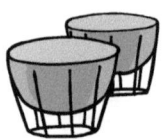

timbal

литавры

tambu

барабан

keyboard

синтезатор

saxofon

саксофон

fluit

флейта

microfon

микрофон

parke di bestia
зоопарк

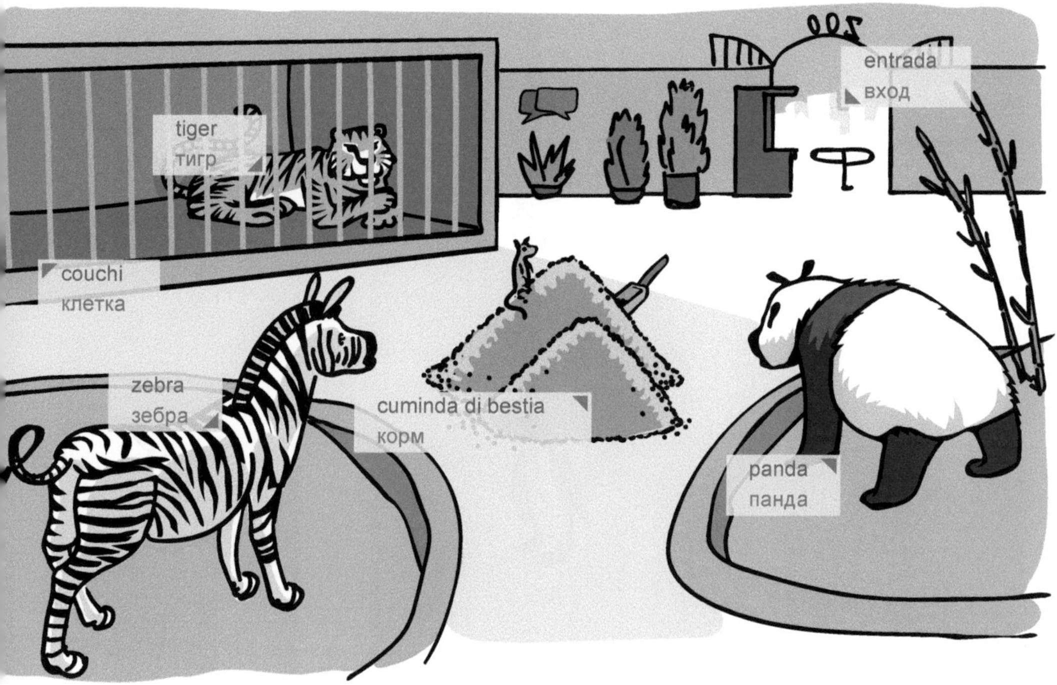
entrada
вход
tiger
тигр
couchi
клетка
zebra
зебра
cuminda di bestia
корм
panda
панда

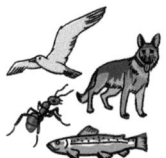

animal
животные

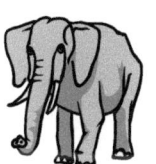

olifante
слон

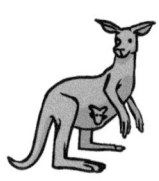

cangaru
кенгуру

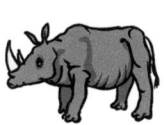

neushoorn
носорог

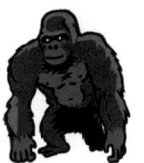

gorila
горилла

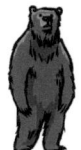

beer
медведь

camel

верблюд

avestruz

страус

leon

лев

macaco

обезьяна

flamingo

фламинго

lora

попугай

beer polar

белый медведь

pinguin

пингвин

tribon

акула

pauwies

павлин

colebra

змея

caiman

крокодил

cuidado di bestia

служитель зоопарка

cacho di awa

тюлень

jaguar

ягуар

pony

пони

leopardo

леопард

hipopotamo

бегемот

giraf

жираф

aguila

орёл

porco di mondi

кабан

pisca

рыба

turtuga

черепаха

walrus

морж

vos

лиса

gazelle

газель

futbol Americano
американский футбол

ciclismo
езда на велосипеде

tennis
теннис

basketball
баскетбол

landamento
плавание

boxeo
бокс

ice hockey
хоккей

futbol
футбол

badminton
бадминтон

atletismo
лёгкая атлетика

handbal
гандбол

ski
лыжный спорт

polo
поло

actividad
действия

hari
смеяться
bula
прыгать
brasa
обнимать
cana
идти
canta
петь
soña
мечтать
resa
молиться
sunchi
целовать

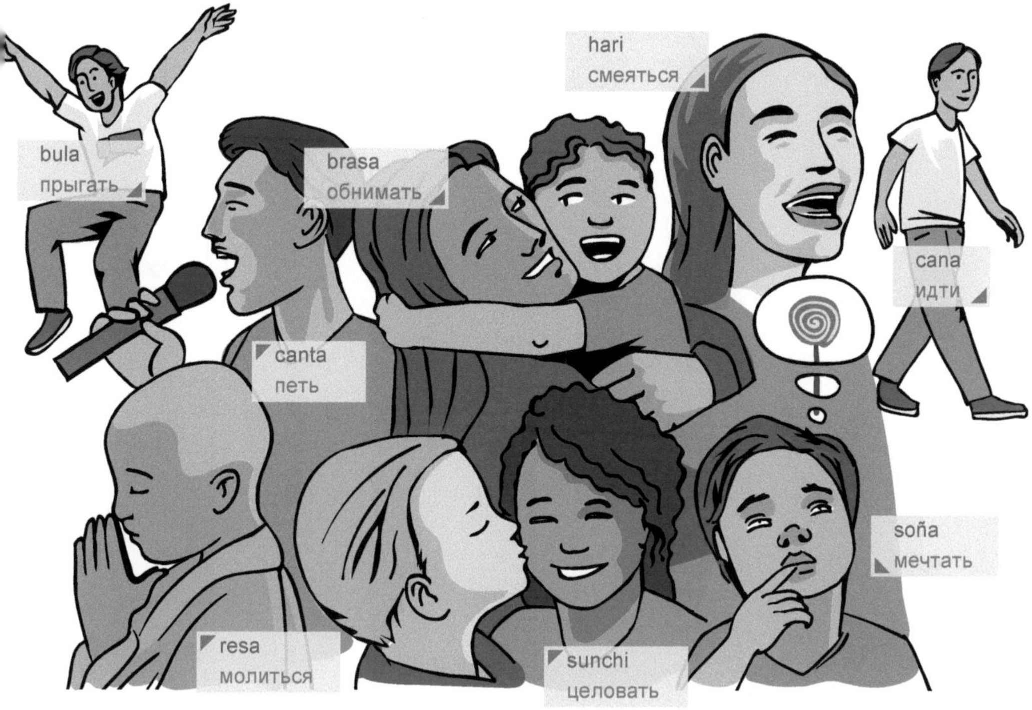

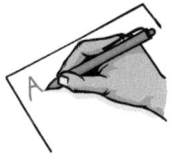

skirbi

писать

pinta

рисовать

mustra

показывать

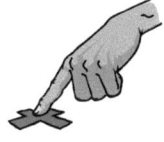

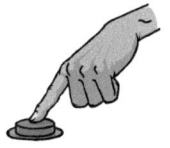

primi

нажимать

duna

давать

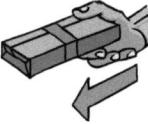

coy

брать

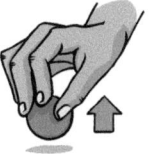

tin

иметь

haci

делать

ta

быть

para

стоять

core

бежать

ranca

тянуть

tira

бросать

cay

падать

drumi

лежать

warda

ждать

carga

носить

sinta

сидеть

bisti

надевать

drumi

спать

lanta fo'i soño

просыпаться

mira

рассматривать

yora

плакать

caricia

гладить

peña

причесывать

papia

говорить

compronde

понимать

puntra

спрашивать

scucha

слушать

bebe

пить

come

кушать

ruim op

наводить порядок

stima

любить

cushna

готовить

bai

ехать

bula

летать

zeilo

ходить под парусом

conta

считать

lesa

читать

siña

учиться

traha

работать

casa

вступать в брак

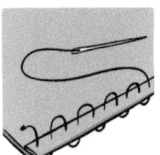

cose

шить

skeiro djente

чистить зубы

mata

убивать

huma

курить

manda

отправлять

famia

семья

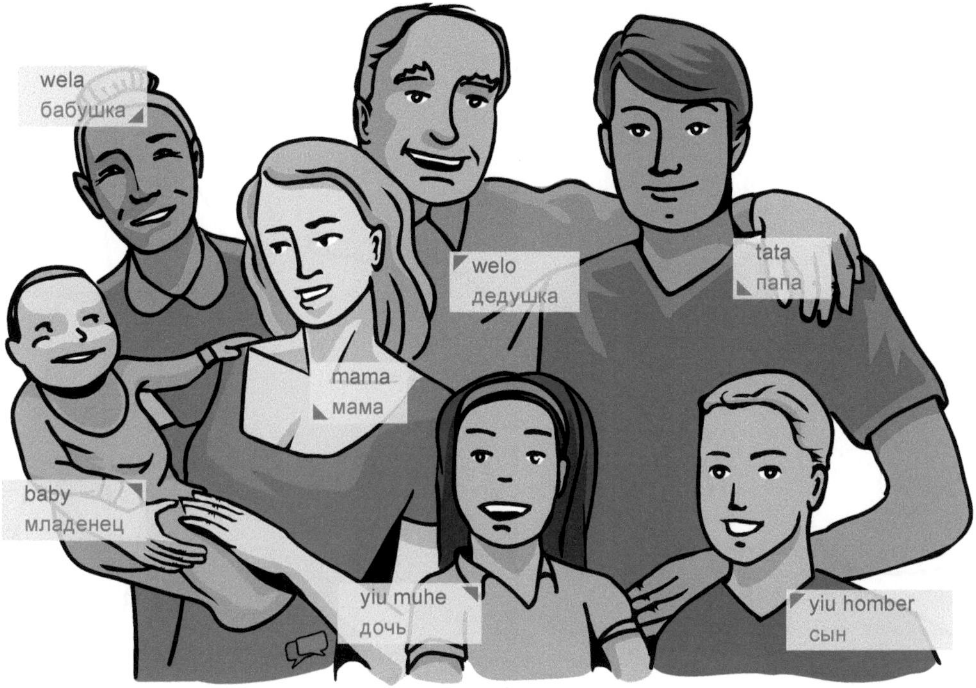
wela
бабушка
welo
дедушка
tata
папа
mama
мама
baby
младенец
yiu muhe
дочь
yiu homber
сын

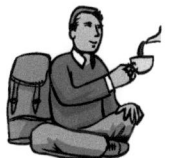

huesped

гость

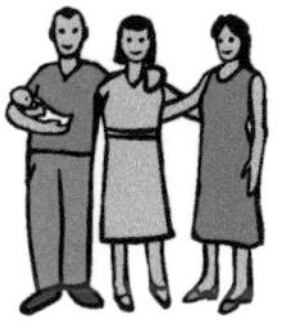

tanta

тетя

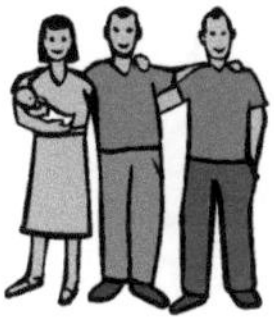

omo

дядя

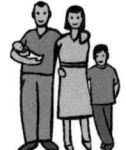

ruman homber

брат

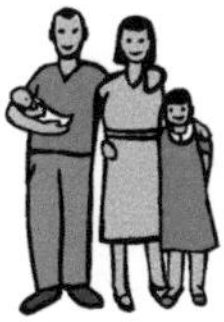

ruman muhe

сестра

curpa

тело

frenta
лоб
wowo
глаз
schouder
плечо
dede
палец
cara
лицо
cachete
подбородок
man
кисть
pia
нога
pecho
грудь
brasa
рука

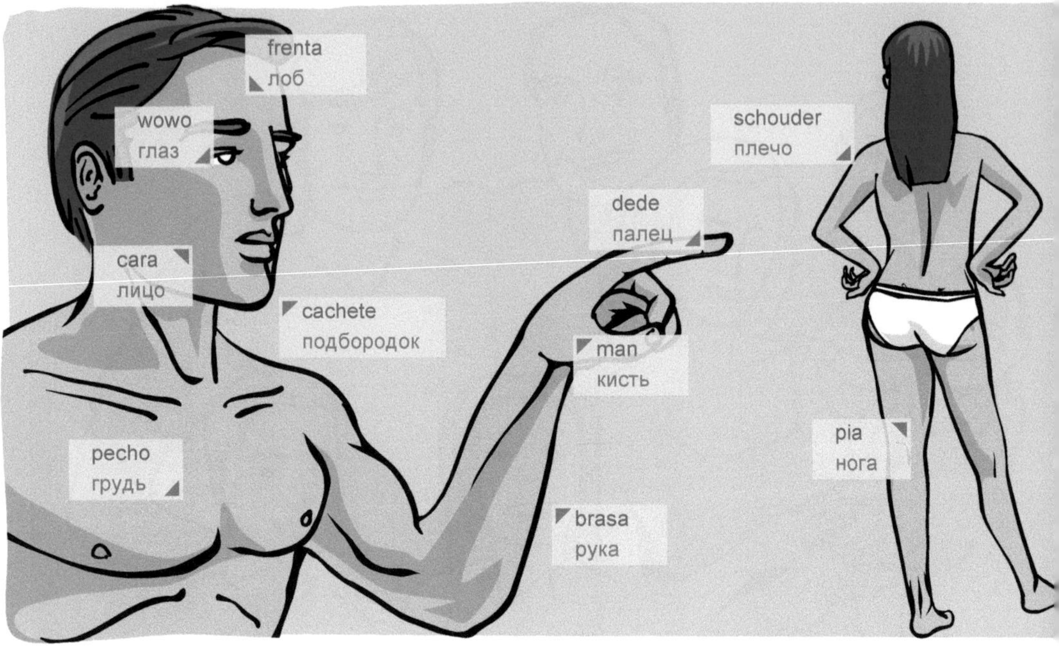

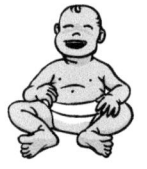

baby

младенец

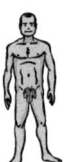

homber

мужчина

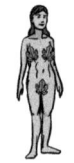

muhe

женщина

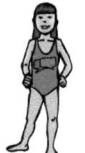

mucha muhe

девочка

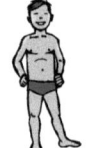

mucha homber

мальчик

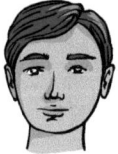

cabes

голова

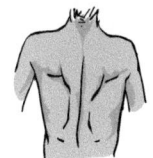

lomba

спина

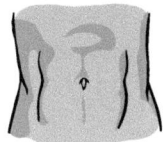

bariga

живот

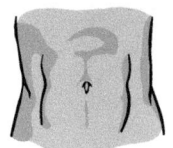

lombrishi

пупок

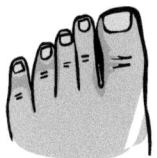

dede di pia

палец ноги

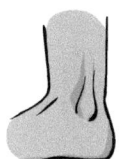

hilchi

пятка

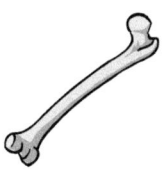

weso

кость

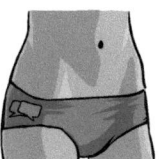

heup

бедро

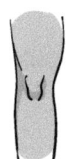

rudia

колено

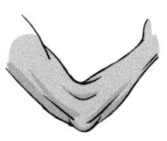

elleboog

локоть

nanishi

нос

chanchan

ягодицы

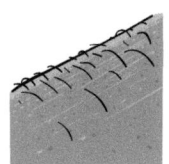

cuero

кожа

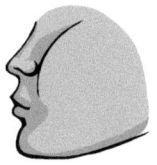

wang

щека

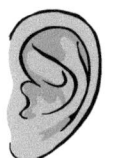

horea

ухо

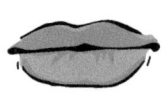

lip

губа

boca

рот

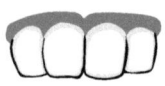

djente

зуб

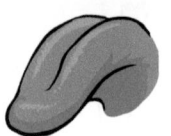

lenga

язык

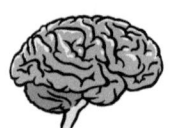

celebro

мозг

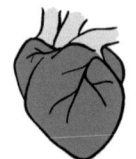

curason

сердце

musculo

мышца

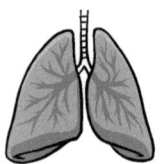

pulmon

лёгкое

higra

печень

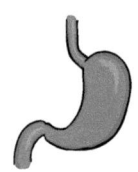

stoma

желудок

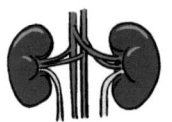

nier

почки

sex

половой акт

condon

презерватив

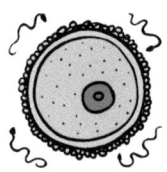

ovulo

яйцеклетка

sperma

сперма

embaraso

беременность

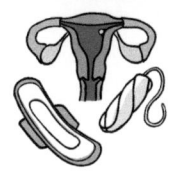

menstruacion

менструация

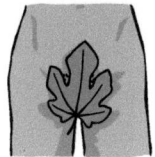

vagina

вагина

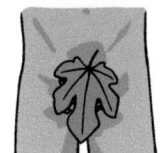

penis

пенис

wenkbrauw

бровь

cabey

волосы

nek

шея

hospital

больница

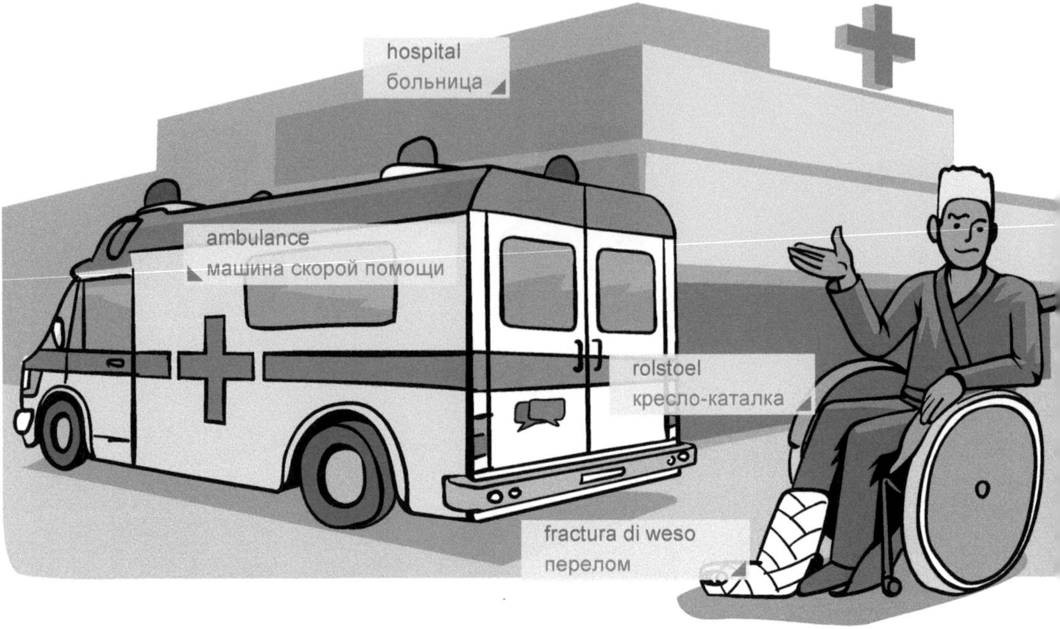

hospital
больница
ambulance
машина скорой помощи
rolstoel
кресло-каталка
fractura di weso
перелом

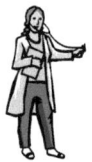

dokter

врач

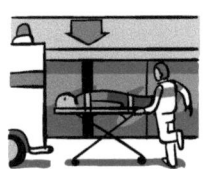

EHBO (prome asistencia/eerste hulp)

пункт первой помощи

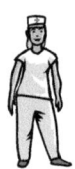

nurse

медсестра

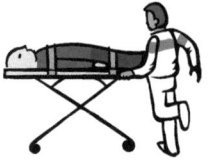

caso di emergencia

неотложный случай

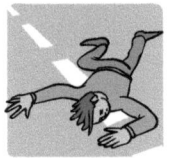

fo'i tino

без сознания

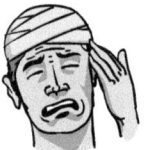

dolor

боль

lesion

повреждение

sangramento

кровотечение

ataca di curason

инфаркт

ataca celebral

инсульт

alergia

аллергия

tosa

кашель

keintura

овышенная температура

griep

грипп

diarea

понос

dolor di cabes

головная боль

cancer

рак

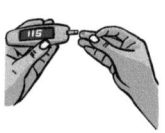

diabetes

диабет

ciruhano

хирург

scalpel

скальпель

operacion

операция

CT

KT

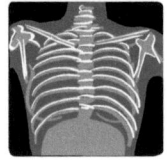

x-ray

рентген

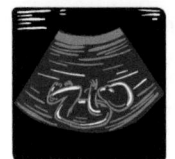

echo

ультразвук

masker contra stof

маска

malesa

болезнь

sala di espera

приёмная

kruk

костыль

pleister

пластырь

verband

бинт

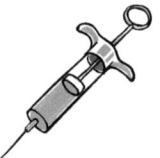

inyeccion

укол

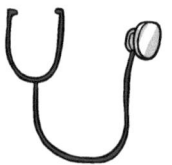

stetoscop

стетоскоп

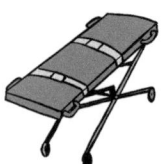

brancard

носилки

thermometer

термометр

nacemento

рождение

sobrepeso

избыточный вес

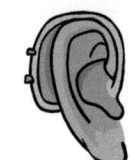

aparato pa oido

слуховой аппарат

desinfectante

дезинфекционное
средство

infeccion

инфекция

virus

вирус

HIV / AIDS

ВИЧ / СПИД

remedi

лекарство

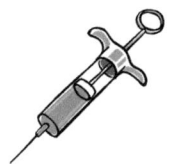

vacuna

прививка

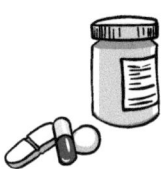

pilder

таблетки

pilder

противозачаточная
таблетка

yamada di emergencia

экстренный вызов

aparato pa midi presion

прибор для измерения
кровяного давления

malo / saludabel

больной / здоровый

auxilio!

Помогите!

alarma

сигнал тревоги

atraco

нападение

atake

атака

peliger

опасность

salida di emergencia

запасной выход

candela

Пожар!

brandspuit

огнетушитель

desgracia

несчастный случай

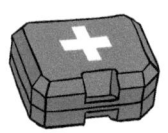

caha di prome asistencia

аптечка

SOS

SOS

polis

милиция

Europa

Европа

Noord America

Северная Америка

Sur America

Южная Америка

Africa

Африка

Asia

Азия

Australia

Австралия

Oceano Atlantico

Атлантический океан

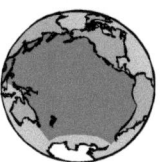

Oceano Pacifico

Тихий океан

Oceano Indio

Индийский океан

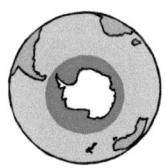

Oceano Antartico

Антарктический океан

Oceano Artico

Северный Ледовитый океан

Noordpool

Северный полюс

Zuidpool

Южный полюс

Antartica

Антарктика

mundo

земля

tera

суша

lama

море

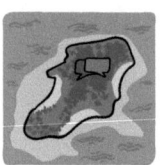

isla

остров

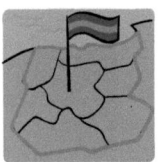

nacion

нация

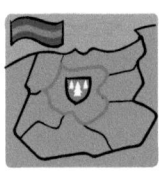

estado

государство

holoshi analog

циферблат

wijzer chikito

часовая стрелка

wijzer grandi

минутная стрелка

wijzer di seconde

секундная стрелка

Cuant'or tin?

Который час?

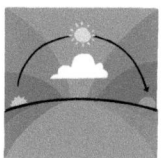

dia

день

tempo

время

awor

сейчас

holoshi digital

электронные часы

minuut

минута

ora

час

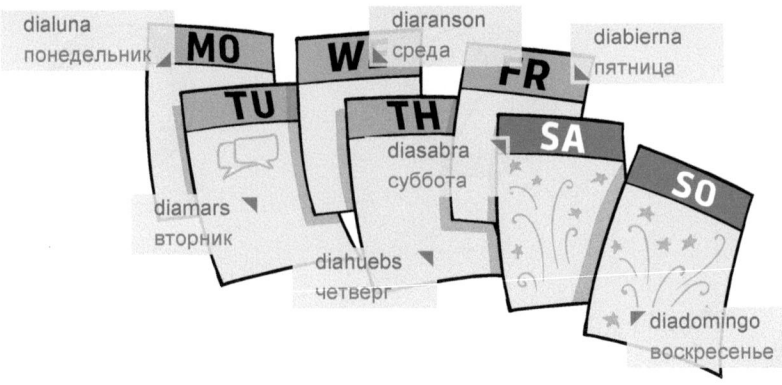

dialuna
понедельник

diaranson
среда

diabierna
пятница

diamars
вторник

diasabra
суббота

diahuebs
четверг

diadomingo
воскресенье

ayera
....
вчера

awe
....
сегодня

mañan
....
завтра

mainta
....
утро

merdia
....
полдень

anochi
....
вечер

dia di trabou
....
рабочие дни

weekend
....
выходные

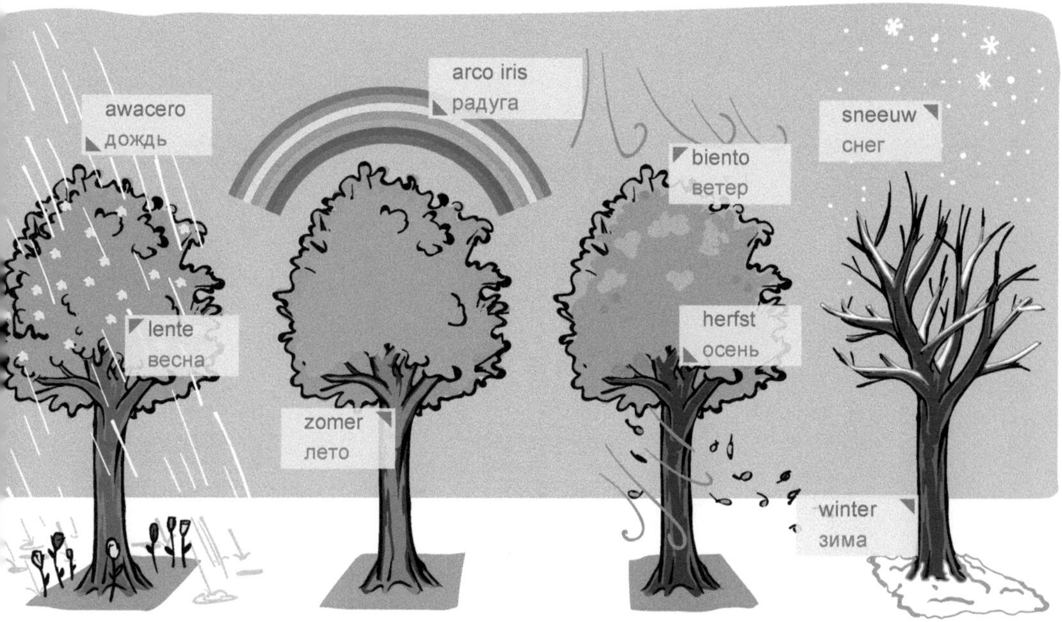

awacero
дождь

arco iris
радуга

biento
ветер

sneeuw
снег

lente
весна

zomer
лето

herfst
осень

winter
зима

pronostico di tempo

прогноз погоды

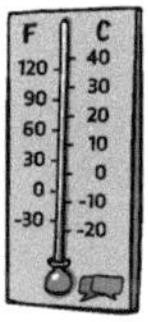

thermometer

термометр

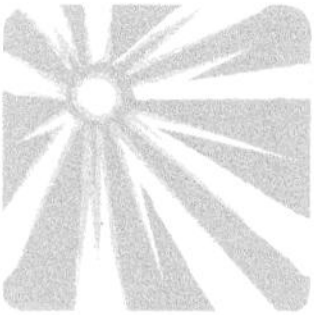

solo ta briya

солнечный свет

nubia

туча

neblina

туман

humedad

влажность воздуха

lamper

молния

strena

гром

mal tempo

буря

hagel

град

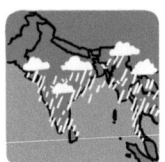

mal tempo

муссон

inundacion

наводнение

ijs

лёд

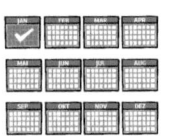

januari

январь

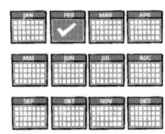

februari

февраль

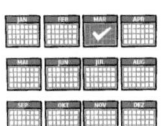

maart

март

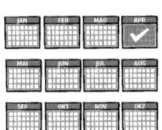

april

апрель

mei

май

juni

июнь

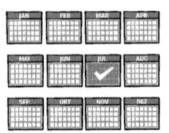

juli

июль

augustus

август

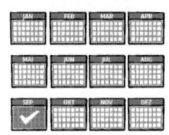

september

сентябрь

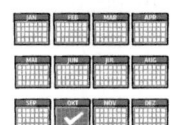

october

октябрь

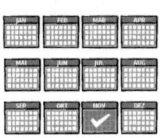

november

ноябрь

december

декабрь

forma

формы

circulo

круг

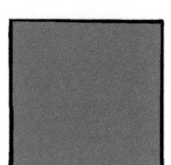

cuadra

квадрат

rectangulo

прямоугольник

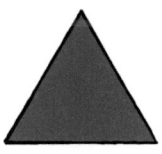

triangulo

треугольник

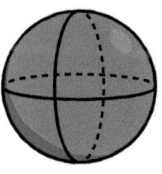

bol

шар

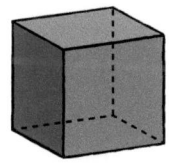

kubus

куб

blanco

белый

geel

желтый

oraño

оранжевый

ros

розовый

cora

красный

biña

лиловый

blauw

синий

berde

зелёный

bruin

коричневый

shinishi

серый

preto

черный

hopi / tiki
....
много / мало

rabia / trankil
....
яростный / мирный

bunita / mahos
....
красивый / уродливый

comienso / final
....
начало / конец

grandi / chikito
....
большой / маленький

cla / scur
....
светлый / темный

ruman homber / ruman
muhe
брат / сестра

limpi / sushi
....
чистый / грязный

completo / incompleto
....
полный / неполный

dia / anochi
....
день / ночь

morto / bibo
....
мёртвый / живой

hancho / smal
....
широкий / узкий

comibel / incomibel

съедобный / несъедобный

mal hende / bon hende

злой / дружелюбный

ansioso / ferfela bo mes

взволнованный /
скучающий

gordo / flaco

толстый / худой

prome / ultimo

сначала / в конце

amigo / enemigo

друг / враг

yen / bashi

полный / пустой

duro / moli

твёрдый / мягкий

pisa / lihe

тяжёлый / легкий

hamber / sed

голод / жажда

malo / saludabel

больной / здоровый

ilegal / legal

незаконный / законный

inteligente / sabi

умный / глупый

robes / drechi

слева / справа

cerca / leu

близко / далеко

nobo / uza

новый / подержанный

nada / algo

ничто / нечто

bieu / jong

старый / молодой

cendi / paga

включено / выключено

habri / cera

открыто / закрыто

keto / duro

тихо / громко

rico / pober

богатый / бедный

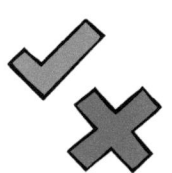

bon / fout

правильный /
неправильный

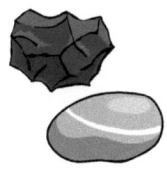

grof / liso

шероховатый / гладкий

tristo / contento

печальный / счастливый

cortico / largo

короткий / длинный

pocopoco / lihe

медленный / быстрый

muha / seco

мокрый / сухой

cayente / friu

тёплый / прохладный

guera / paz

война / мир

0

cero

ноль

1

un

один

2

dos

два

3

tres

три

4

cuater

четыре

5

cinco

пять

6

seis

шесть

7

shete

семь

8

ocho

восемь

9

nuebe

девять

10

dies

десять

11

diesun

одиннадцать

12
diesdos
двенадцать

13
diestres
тринадцать

14
diescuatro
четырнадцать

15
diescinco
пятнадцать

16
diesseis
шестнадцать

17
diesshete
семнадцать

18
diesocho
восемнадцать

19
diesnuebe
девятнадцать

20
binti
двадцать

100
shen
сто

1.000
mil
тысяча

1.000.000
miyon
миллион

idioma

Ingles

английский

Ingles Mericano

американский английский

Chines Mandarin

мандаринский китайский

Hindi

хинди

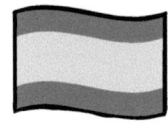

Spaño

испанский

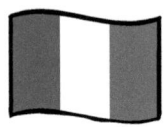

Frances

французский

Arabe

арабский

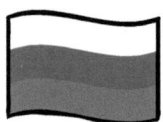

Ruso

русский

Portugues

португальский

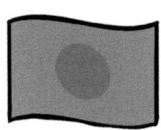

Bengal

бенгальский

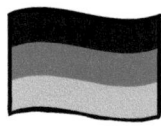

Aleman

немецкий

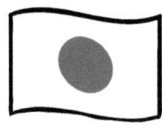

Hapones

японский

ami

я

abo

ты

e

он / она / оно

nos

мы

boso

вы

nan

они

ken?

кто?

kico?

что?

con?

как?

unda?

где?

ki ora?

когда?

nomber

имя

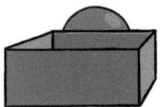

patras

за

den

в

dilanti di

перед

ariba

над

riba

на

bou di

под

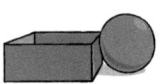

banda di

рядом

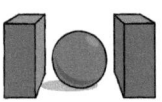

entre

между

luga

место